Herida propia
Rosa Estremera

Colección Baños del Carmen

Rosa Estremera

Herida propia

EDICIONES VITRUVIO
Colección Baños del Carmen,
nº 1030

www.edicionesvitruvio.com

Primera edición, 2025

© Ediciones Vitruvio
C/ Menorca, nº 44
28009
Madrid
Tlf: 91 573 21 86

ediciones vitruvio nº 1. 708
ISBN: 978-84-129496-9-8

Herida propia

Llegó con tres heridas:
la del amor,
la de la muerte,
la de la vida.
Miguel Hernández

¿Cómo tratar la herida que no se ve y que no sabe dónde está?
Haruki Murakami

… el interés de la herida es la cicatriz.
Jacques Lacan

No puedo curar la herida de la vida, pero puedo escribir sobre ella.
Virginia Woolf

COMIENZO

Nací en diciembre rodeada de mar.

Un domingo que tras un sobresalto
se le encogieron las entrañas a mi madre.
Emprendí el camino antes de lo previsto
como la hoja que amarillea y cae antes de tiempo.

Fui una niña deseada y querida,
siempre lo he sentido así.

Y allí iba con mi madre y mi abuela
andando hacia el hospital,
con la tranquilidad de una época que ya no existe,
cubriendo los pasos de una nueva vida, mi vida.

Mi madre desanduvo por última vez el camino en solitario
con mi padre atravesando los mares.
Una tarde pausada de invierno y sal a las siete y veinticinco,
sin alarmar, como se hacen las cosas los domingos por la tarde.

Fue un parto sencillo sin demasiado dolor
y vi por primera vez la luz de este mundo
en el ocaso de un día sereno.

El mar, para variar por las fechas estaba en calma
y desprendía ese particular y exuberante olor a dos mares;
en ningún otro lugar el aroma de las aguas se percibe igual.

Fue el comienzo, pero no os engañéis, sólo fue eso, un comienzo.

LAS MUJERES DE MI HISTORIA

Recuerdo la luz cubierta de algodones
enmarcada por una ventana abierta al mar,
con un puerto no tan distante
como para no oír en los días envueltos de niebla
las sirenas de sus barcos atracados.

El sonido tenue y denso de sus gotas de agua
en ese silencio que galopa en el levante,
con las sábanas siempre húmedas
porque en puerto de mar nada se seca, ni el coraje.

El pan nunca está crujiente, el pelo se enfosca
la tez, al contrario, siempre está fresca e hidratada.

La niebla va cubriendo las siluetas más lejanas
desde las rejas verdes del lavadero.
Las gallinas se esconden y los perros no ladran,
los coches parecen desaparecer.

En la mesa redonda de la cocina
espera un tazón humeante de chocolate
y las sonrisas de las mujeres de mi historia
la de mi madre que espera
la de mi abuela que lame sus heridas.

BLANCO Y NEGRO

La televisión en blanco y negro
me transmite la extraña sensación de ser más realista.

Dos colores que lo eran todo en el aparato
más longevo que he visto en mi vida.
Dos colores en una época gris,
descubriendo la vida sentada frente a su pantalla.

El teatro de *La 2* porque sólo dos cadenas había,
con mi abuela a mi lado en aquellas maravillosas noches de *La
                    Clave.*

Sentadas devorando cada comentario tras la proyección,
con todos los sentidos abiertos al entendimiento,
de par en par, con el alma estremecida
y el cuerpo gozando de lo nuevo.

Arropadas por una mesa camilla y el silencio de la noche.
Nunca fue tarde, siempre cosiendo sueños.

Aprendí que no se es por lo que uno posee
si no por lo que el otro siente de ti.
Y empecé a ser, enfundada en una bata rosa
y unas zapatillas hechas con el paño de las ilusiones.

MI PRIMER AMOR

La primera vez que me enamoré apenas contaba dos años.

Fue en Oviedo y aún recuerdo el camino a su encuentro,
un sendero enfilado de cipreses altos
que dibujaban picos en un cielo encorsetado de nubes.

Y allí, al final, estaba él, en aquella sala inmensa
enorme para mi edad, era mi primera vez en el cine.

Vestido de verde con una pluma en el sombrero
agazapado tras la ventana de una casa londinense
escuchando los cuentos de una niña
de imaginación desbocada llamada Wendy,
esa niña en realidad era yo
y el personaje en mallas verdes Peter Pan.

Fue un amor a primera vista, apasionado e irreal.

Con los años supe que amé poder volar,
deseé acariciar la aventura de lugares lejanos
esconderme entre sueños, quise a las hadas y a las sirenas
quise también ser pirata.

Cuidar a los niños perdidos.
Todos nos perdemos alguna vez. Yo también.

Como en el cuento, me quedé con los pies firmes en el suelo
y la mirada siempre puesta en el cielo
para poder ver la forma de las ilusiones.

Luego entendí que anhelaba la fortaleza de Wendy,
la valentía para crecer sin perder jamás
la capacidad de emocionarme.

Y en las alas de mi propio barco cruce los aires
para encontrar el amor que acompaña más allá de los sueños
fuerte, leal, anaranjado como un atardecer de verano,
aprendí a blandir espadas enlazadas a tus pasos
entre tus brazos y un reguero de promesas cumplidas.

Como piratas: con el olor a vida entre nuestras manos.

MI ABUELA

Mi abuela era una mujer herida,
herida por el destino desde el nacimiento,
por la vida que la dejó sola muy pronto.

Huérfana de una familia arruinada por la guerra,
sorda de un oído por aquel sarampión de entonces.

Tenía que abrocharse los cordones perfectamente alineados
si quería eludir gritos y bofetones a destiempo.

Pasó hambre de pan y de cariño.

Tuvo una vida difícil, se le negó casi todo
hasta educación, nunca conocí nadie tan fuerte.

Sola aprendió a leer y a escribir, robando luz a las sombras.

Ella me enseñó el amor a los libros y a la poesía,
pocas personas han creído tanto en mí.

Con su tez blanca y hermosa, de alabastro,
invencible a las arrugas que sólo le crecían por dentro.

Mujer maltratada por mi abuelo del que nunca supe.
Hermosa y decidida, luchadora como todas las supervivientes.

Navegó entre las negras aguas de su historia
y aprendió a arribar en puertos seguros.

Supo desafiar a la sociedad de su época... Una época oscura.
Le dio a mi madre todo aquello que le negaron,
yo nací en otro mundo por ella.

Mujeres como aquellas cambiaron nuestra historia.
Sin estridencias, calladas, tenaces, trabajadoras
que supieron fabricarse las alas de un dragón.

Con los sueños empaquetados bajo el brazo
se cosía cuellos con retales
para cambiarse bajo la misma chaqueta.

Mi abuela esa mujer hecha a sí misma,
que sufrió y nos hizo sufrir
porque sus cicatrices eran demasiado profundas.

Esa mujer sin cura me enseñó que todo era posible
y me hizo firmar en mi memoria la promesa
de que nadie ni nada me pudiera cambiar.

Esa mujer es eterna.

BESOS

El primer beso que di fue por curiosidad,
el amor vino más tarde
incluso más tarde que la pasión.

Luego aprendí el deseo de alguien
hasta el punto justo de la muerte
sin importar nada más, pues nada hubo
excepto su mirada.

Vinieron más besos de enamorados
de traición y de amistad,
besos cosidos a la idea sin forma de las nubes
a la espuma blanca donde termina el mar,
a la ráfaga de viento que te golpea y se va.

Con el ritmo pausado y certero de un halcón
descubrí la diferencia entre amar y ser amado
y al fin besé con todo conocimiento,
con la certeza de la claridad del alba
con la lluvia caída entre las hojas de un olmo,
nacida a la sensación que trasciende
más allá de la sombra de la luna.

Plena del sol de julio o de la blancura de la nieve.

Besé los labios que abrazaron mis sueños
que me acompañan las largas tardes de invierno
y sujetan la estructura de mi existencia;
llegó un día que me besaste tú.

EL FINAL DE LA INFANCIA

Apenas se percibe el final de la infancia,
sin embargo, yo lo supe con total claridad.

En el borroso paso del tiempo,
no debía tener más de ocho años,
desperté una mañana
entre las seguras paredes de mi habitación.

Aún impregnada de inocencia recordé un sueño…
Un callejón sin fin, oscuro y frío
con un hilero de agua de lluvia acumulado en su centro,
apenas alguna nota de color de los posters oficiales
de las películas de mis cuentos favoritos.

Me observaban incrédulos sus personajes
príncipes y princesas, hadas, cuervos y dragones
salían de sus castillos y cuevas. Expectantes.

Ya ni siquiera los miraba, avanzaba con total frialdad
entre aquellos hasta entonces fieles amigos.

Me miraban asustados, implorando respuestas
llamándome con las voces ahogadas en papel brillante.

Había dejado de creer.

Corría por aquel callejón angosto a fin de alcanzar
en mi huida aquello que sin duda había más allá.

Mientras, ellos luchaban por escapar de su cárcel pintada
hasta saltar a la acera y perseguirme
gritando una lengua que había dejado de entender.

Pero anduve segura, sin remordimientos por lo que dejaba
y escapé de aquella calle justo en el momento que miraba atrás
comprendiendo que contemplaba un lugar sin retorno.

Y lo supe, allí había quedado mi infancia.

Me levanté con la certeza que a partir de entonces
debería ser yo quien escribiera las historias
por las que poder transitar.
El sol entraba por las rendijas de las persianas
y el día olía a recién estrenado.

OLORES DEL PASADO

Los recuerdos son olores del pasado
el aroma del café recién molido
el olor a jabón por las mañanas
la lluvia tras los cristales.
El sol calentando las sábanas tendidas
la fragancia de arropía en la puerta del colegio
el primer cigarrillo,
el perfume dulzón de las desilusiones.
Aquel tiempo que me hizo tiene sabor
a tostadas de domingo, a pan con miel,
a sueños usados y raídos por el tiempo.

LA DICHA DE VIAJAR

Sin duda los mejores momentos de mi vida
están atados al equipaje de los viajes
no importa el cuándo, ni siquiera dónde
la dicha es el cómo,
en el tránsito a ese principio,
a ese lugar que no es el mismo
y la sangre bulle viva de despertares nuevos.

El simple y llano hecho de viajar.

Aquellos días que cruzábamos la península
desde Ceuta a cualquier lugar del norte
donde mi padre anclaba sus puertos.
La emocionante marcha del recorrido
y el anhelo del reencuentro;
atravesando el estrecho, a veces, bajo su plácida luz plateada,
otras, sobre aquel mar embravecido por algún temporal
cuando el cielo se confunde con las crestas de las olas más
                    ambiciosas.

Llegar a Algeciras al anochecer
despedirme de las luces de mi tierra que enmarcaban
un horizonte que siempre se me antojaba lejano
y que el aire claro de poniente revelaba sin dudar su cercanía.

Subíamos al tren cuando aún existía el coche cama,
en otra vida, cuando todo estaba por estrenar.
Adoraba esos vagones y su traqueteo somnoliento
que cruzaban el sur hasta la meseta.

Yo dormía en la litera de abajo,
después que el revisor adecentara la cámara
y cenáramos los ricos bocadillos de mi madre,

pasaba las noches subiendo aquellos pesados estores
para contemplar las tierras anegadas por los brillos de la noche.
Parando en estaciones donde se oían, estridentes,
los destinos por una megafonía afónica
y veía pasar a los viajeros que se dirigían al tren
o aquellos que habían alcanzado su destino.
Me preguntaba qué sueños los habrían llevado hasta allí,
qué ilusiones o penas albergaban sus almas.

Los andenes están llenos de alegrías y frustraciones a partes iguales
y allí se quedan, durante años, amontonando risas y lloros
sobre sus adoquines y aunque las estaciones cambien
siempre quedan en su espacio invisible y perpetuo
el anhelo fantasioso o fantasmagórico de deseos condenados.

Luego llegaba a Atocha, al Madrid del que siempre estuve
        enamorada
donde sólo pasábamos unas horas antes de embarcarnos
en aquellos trenes tan modernos,
cuando el país se vestía poco a poco de colores
el Talgo relucía con sus vagones rojos y plateados
y volaba hacia el norte,
mostrándome las grandezas de unas tierras
que apenas despertaban.

Al final siempre estaba la mar, otra mar distinta
de un olor recio y penetrante, de aguas bravas
y subido a sus olas los ojos vibrantes de mi padre.

El viaje siempre es lo mejor,
lo que muestra lo importante de cada paso,
te enseña que todo lo de allí fuera
estará por siempre dentro de ti
y parte de uno quedará prendido en sus paisajes.

Perenne y eterno.
Como un andén, como una ola, como el viento.

CUANDO AMANECE LA VIDA

El primer amanecer que pude contemplar
fue un 14 de septiembre de 1972,
quedó aferrado a mi memoria y a la retina de mis ojos
con la fortaleza de los astros y la belleza de lo insólito,
era el día que nació mi hermano.

Yo tenía cinco años y se esfumó ser única,
y ahí estaba él tan pequeño y de azul,
arropado con una manta tejida con la más pura de las ilusiones,
en los brazos de mi madre impoluta y bella
con la felicidad de todos reflejados en los rostros.

Es tan maravillosa la vida, que a veces, sin llamarla
colma, sin pedirlo, cualquier vacío.

Pletórico el día, se descubría tras el Monte Hacho
a cuyos pies estaba el hospital donde vino al mundo.

El sol trepaba por las cumbres del lado opuesto
oscureciendo el perfil y sus contornos
a medida que se alzaba hacia un cielo recién estrenado.
Un marco inigualable para despertar a la vida y a los sueños.

EN EL PORTAL DE CASA

Vivíamos en un primero, si abría la puerta
se deslizaban escalones cercados por barras verdes
que se perdían hacia los pisos superiores.

Yo los bajaba corriendo, con la inconsciencia de la edad
saltaba al final del tramo encaramada al barrote
dejándome deslizar con una alegría sin adulterar
sobre un suelo grisáceo y recién fregado,
volando, apenas un instante de gozo absoluto,
antes de aterrizar insultante unas losetas más allá.

Con la prisa de la vida que crece,
el ímpetu del que tiene todo por descubrir
y la seguridad que te regala lo conocido.

Aquellas escaleras que se anegaban con las tormentas de invierno
prendían en mí el deseo de quedarme en casa.
Pero mi madre, como una heroína de comic
se las ingeniaba para solventar las aguas
y depositarme seca y preparada en el autobús rumbo al colegio.

Porque siempre fue mi madre la que se preocupó,
la que no desfallecía por educarnos y querernos.

No es fácil ser madre y padre a la vez,
mi padre navegaba lejos
por aguas más profundas que los escalones inundados...

Más profundos serían los mares
pero no más importantes que por los que surcaba mi madre.

ANTES QUE DEJARAN DE SER ROJAS LAS MANZANAS

El clima templado creció conmigo,
lluvioso, con el viento recio del estrecho.
Me enamoré de la humedad en cualquiera de sus formas,
gotas que dibujaban los más bellos espacios.

Observando desde la ventana del salón el transitar de las horas.

Resguardada entre sus cortinas verdemar
veía cómo la lluvia inundaba la terraza
con el equipo de música siempre encendido.
Los arpegios recorrían los sentimientos
y posaron en la memoria la sinfonía gris de los inviernos.

El viento se quedó escondido entre mis versos,
su amor se forjó en cada esquina de mi tierra
la ciudad de las grandes cuestas que reposan en el mar.
El aire, fuera de oeste o este blandía su fortaleza
mientras todos aprendíamos a escuchar
en sus voces, el alfabeto de su murmullo.

La placidez de sus veranos y de sus fiestas,
la sal agarrada a la piel en los estíos más queridos.
Los camiones de los feriantes desembarcaban en el puerto
pintando de algodón dulce los recuerdos.

Grabado está en mi retina las luces de la noria
y el sonido de una exuberante algarabía
que marcaba la primera semana de agosto.
Los olores a pollo asado, a pulpo, a manzana caramelizada
trepaban por las calles y dormían en las aristas de las aceras.

Sensaciones ancladas en mi memoria
antes que la vida subiera el telón de las ilusiones

y dejara expuesto a un niño harapiento y descalzo,
a hombres que ajustaban las estructuras de las atracciones
a destajo, bajo el recio calor del estío
mientras las mujeres tendían la ropa
en cordeles sujetos a las caravanas
como si retuvieran los anhelos que no se atrevían a desear.

Antes que dejaran de ser rojas las manzanas
el viento me atravesó para dar forma a mi persona.

LAS HUELLAS DE LA INFANCIA

Somos traumas de la infancia. Heridas viejas.
Cicatrices que duelen con las estaciones
cuando forman la resonancia de un eco cubierto de olvido.

Por muy feliz que fuéramos, siempre hubo un día
que fuimos protagonistas o testigos de la desilusión.
Un abuso, un grito que desgarró el sentido aún sin hacer,
una noche en la que nos sorprendió la imagen árida del vacío.

Todos en algún momento sufrimos bajo la amargura
que no supimos nombrar ni dar forma. Asustados.
Cogimos nuestros miedos y los guardamos en el cajón de la memoria
tirando la llave hacia el futuro con la esperanza de no alcanzarlo
        jamás.

Pero nos atrapan, nunca se van demasiado lejos...
Sus cicatrices nos muestran los surcos de lo que un día fue.

A veces somos de nuevo ese niño inocente
violentado con alguna traición, un mal gesto, la incomprensión,
una secuencia rodada al destiempo de nuestra ingenuidad.

Todos llevamos guardado un muñeco roto,
un tren sin ruedas, una caricia perdida.

Unos más, otros menos, nos dejamos colgados en el perchero de la
        infancia
un abrigo descosido que nadie encontró jamás.
Hecho jirones cuelga de nuestra historia y sangra con los vientos de
        otoño.

Somos la huella de una sonrisa y la marca imperecedera de una
        lágrima.

Somos aquel llanto contenido cosido en el filo de nuestro corazón. Herida viva. Cicatriz. Somos el pasado que siempre nos alcanza.

VERDAD E INFORTUNIO

Aquel chico moreno cuyo nombre no pienso decir
tenía para mí una dulce y extraña sensibilidad.
Un oscuro e inocente proceder.

Era mayor y alto. No pertenecía a mis amigos.
Poseía mala fama para algunos, infundada,
como casi todos los rumores en una ciudad pequeña.

Lo envolvía a mi voluptuoso parecer un aire cariñoso y dulce.

Fumaba yerba y olía bien, a valle de Ketama con su luz ámbar,
a campos untuosos de fuerte aroma. A Mediterráneo.
…Y me llamaba princesa.

Charlábamos despreocupados en un banco perdido
muy cerca del instituto, en los confines del mundo,
yo era insultantemente joven, precoz.

Me besó una vez con sus carnosos labios
que sabían a verdad e infortunio, a soledad y esperanza
haciéndome sentir protegida y en paz con todos
como nunca antes y como casi nadie después,
un raro don que no supe apreciar entonces.

Escondida para que nadie nos viera
temía perder aquel otro al que jamás le importé nada
y al que a pesar de todo le ofrecí mi alma.

Al borde de una estúpida pasión le consagré mis sentidos
la cordura y hasta mi ser, traicionando aquel amor dulce y sincero.
Regalé mi inocencia y él nunca lo supo.

La particularidad de unos ojos me arrebató las entrañas y el juicio

en el estrecho margen donde la adolescencia
consume la mar embravecida de una pasión.

UNA PRESENCIA Y UN SUEÑO

No recuerdo ya la calle.
Siempre con su presencia de esquiva belleza.
Un espacio rutilante de deseos
que esconden tu encuentro callado. Gozoso.
Un silencio que mece las luces y las sombras.
Los árboles brotan tu ausencia. Infinita.
Los balcones se visten de sus ramas
y las ramas de los reflejos de aquel duelo.
El instante enterrado
en un tiempo impreciso que no volverá.
Y sueñan las aceras con las voces del beso.
Nuestro único beso.
En el hueco aparente del recuerdo
existe una calle con balcones abiertos.

TRAICIÓN

Quizás no estuviera todo perdido.
No podía ser tan difícil.
Me ayudarían a trazar un discreto encuentro
donde volver a mirar sus ojos.

No hubo ningún adiós, me dejó por otra.

Pero ellas, mis amigas, darían el mensaje. Sería una cita secreta.

Mientras peinaba mi pelo y lo llenaba de cintas de colores
desechaba del pensamiento la imagen huidiza de sus risas
y sus miradas a destiempo.

La inocencia no es estupidez.

Escogí un jersey azul cielo y preparé mis libros, iría al instituto
y luego entre las sombras del atardecer nos veríamos.

Me eché colonia y le hurté colorete a mi madre.
Todo sería perfecto.

Con la firmeza del deseo sorteé la clase de latín, con premura
y el corazón desbocado en mis labios llegué a mi cita.
Escondida en el soportal rezaba
mientras callaba el pulso enardecido de mi ilusión.

Con pasos cortos, recorrí el largo camino
de una espera insufrible entre las paredes de aquel espacio.

Anocheció, en casa empezarían a preocuparse.

Me quité la goma que sujetaba mi pelo
y un lazo verde se posó a mis pies... junto a cualquier esperanza.

Callada recorrí el camino de vuelta
que se convirtió en una calzada de oscuros sentimientos, y lloré.
Él jamás volvería, aquella historia había terminado a mi pesar.

El aire del mar temblaba mi llanto por las mejillas. Salado.

Luego la bronca por llegar tarde,
los deberes y la noche interminable y cruel.
A la mañana siguiente con la tristeza en el semblante las vi,
apenas podían disimular las risas y burlas.

Decidí entrar a clase, qué más podía hacer.
Abrí mi libro que se manchó con un gran surco de desilusión.

Él nunca fue, no supo de aquel encuentro;
pero fue mucho más doloroso descubrir
la traición de quienes consideraba a mi lado.
Aquella mañana, crecí.

TRAS LA TORMENTA

De repente me curé,
tuve el sueño de haber hecho las paces conmigo.

Las luchas más cruentas son siempre con uno mismo.

Me sobrepuse a todos los recuerdos,
a todas las miradas.

Sané de mi juventud de la pasión y la ingenuidad,
vencí a la culpa.

Pude superar las miradas de rencor
y todo aquello que no hice, las nubes y el viento,
contemplé un ocaso inmenso y un nuevo amanecer.

Días fabricados con los hilos invisibles de lo sencillo.

Gané a todos los reproches y me sentí libre.
Recobré la mirada y mi única voz,
vi quién era, quién siempre fui y me gusté.

En un instante casi eterno,
entró por cada poro de mi piel, calma,
toda en mí, por todo el cuerpo.

Pasó veloz la peor de las tormentas y sonreí,
hacía ya tiempo que era feliz.

EL HOMBRE DE MI VIDA

Recuerdo el preciso momento en que te supe
la certeza que sólo sería contigo
de ti serían los besos, el camino, todos los puentes
y cada habitación por abrir.

Supe que me esperarías en mis caídas,
las veces que huyera, seríamos cómplices,
juntos, a pesar de la vida, en tu profundidad.

Descifré de las aguas que recogíamos
la melodía escondida en la lluvia
para regarnos con ellas los días por compartir.

Entendí que estaría a salvo de las sombras de mí misma
de las tuyas también, de las masas, del desasosiego
y las infinitas encrucijadas del tiempo y el espacio.

De cada amanecer pintaríamos nuestra mejor versión
mostrando un semblante sonriente a los embates de la vida.

Allí estaríamos tú y yo recomponiéndonos un cielo
donde poder mirar nuestras nubes, nuestras estelas de aviones.

Somos juntos lo que ya habíamos sido.

En aquella discoteca a los pies del mar
desmesurada de gentes, de sonidos impetuosos,
me tomaste la mano con firmeza y sorteaste cada obstáculo
con la precisión y seguridad de un mago.

Como el que a pesar de todo siempre conoce el camino de vuelta.
Nos besamos por primera vez, no fue mi primer beso, pero fue el
                        único.

Quiero volver a descubrir tus labios bajo el tumulto de los días,
en aquellos donde me pierdo entre el gentío
que hoy se me antoja mortífero, sigo soñando con tu mano,
necesitándote para andar por multitudes, para salvarme de mí.

Como aquella primera vez, como siempre.
Para desaparecer es mucho más sencillo llenar las calles y huir.

Ahora estamos solos con nosotros mismos
y las manos son las hojas que se esconden por el jardín.

Hemos llenado los días y los años con los gestos que nos regalamos,
con la fuerza para superar la vida y las caricias para curar la
            amargura.

Mañana serás de nuevo ese cielo donde poder encontrarme.

LA SEGUNDA ESTRELLA A LA DERECHA

Soy mujer de grandes pasiones,
la primera que recuerdo tenía forma de carta.

Aprendí a escribir pronto y con esa actitud
componía cada noche cartas a Peter Pan,
no todo el mundo ha tenido esa oportunidad...

Durante años dejaba en la mesita de noche una carta para él
sin importar la forma de la luna ni la disposición de los astros.
Solemne le dije que estaba dispuesta, que creía en él,
que no dudaba de su existencia como hacían otros,
si eso no es Fe no lo es nada.

Y dejaba preparada a los pies de la cama mi mejor bata
con mis mejores zapatillas, unas que abrigaran y no se cayeran
cuando volara hacia la segunda estrella a la derecha,
sobre las luces del puerto rumbo a lo desconocido
con el aire azotando mi rostro, dejando atrás mi pequeña ventana al
          mundo.

Todas las noches imaginaba mil clases de increíbles aventuras,
en mundos nuevos, por descubrir,
en un monólogo consentido y escrito con la mayor de la inocencia
y la más férrea determinación.

Al despertar por las mañanas las cartas nunca estaban,
y aunque no entendía por qué no me había llevado con él,
sonreía al pensar que las leía.

Eso implicaba una conexión especial entre nosotros
compartiendo los secretos de nuestras pequeñas vidas.
Y vivía feliz hasta la próxima noche, donde repetía el ritual
con el deseo enardecido e inquebrantable de mi imaginación.

Así se mudaron las estaciones, mientras rotaba la luna
sin desfallecer a la fidelidad y la constancia.

Un día que mis padres navegaban juntos
me quedé en casa con mi abuela.
Al volver del colegio una tarde, con curiosidad y nostalgia
entré en su cuarto y cerré la puerta.

Miré la cama, la cómoda, abrí los cajones a los que nunca accedía
con el sigilo de una ladrona, como el aire que vestía las cortinas.

Y allí en un rincón una caja de latón azul cobalto,
la saqué con esmero como el que toca el alma de los buenos deseos.
Perfectamente acomodadas las cartas y los anhelos de años
reposaban con placidez, no me sorprendió, casi me sentí aliviada.

Uno sabe mucho más de lo que cree.

Las coloqué calladamente en su sitio y salí del cuarto,
nunca dije nada, como si así protegiera la ilusión.

Ese día aprendí que se me daba bien descubrir cosas
y que no todo lo que descubres tiene porqué hacerte feliz.

Aquella noche no escribí ninguna carta
pero siempre perduró en mí la esencia más pura del deseo.
Miré por la ventana las estrellas, que aquella noche,
perfilaban un cielo inmenso e inalcanzable y pensé con claridad:
¡Algún día vendrás a buscarme! Y me dormí.

EL CALLEJÓN DE LAS QUIMERAS ROTAS

El callejón de los desafíos
de los duelos adolescentes
que son muchos y arrebatadores,
de los besos furtivos,
donde se resolvían los problemas
o donde nacían,
junto al colegio, siempre en las sombras,
contaba cada una de nuestras historias
cada una de nuestras pasiones ocultas,
un lugar apartado, imperceptible
a los ojos del transeúnte,
escondido del mundo
solo nuestro, en manos de nuestras iras,
donde nacían los amores prohibidos.
El portón hacia los aprendizajes
el lugar de encuentro de los conflictos.
En aquel tiempo se resolvían las frustraciones
con puñetazos sin heridas graves
con besos robados pero consentidos
donde olía a descubrimiento.
Un callejón olvidado
mostraba nuestros reproches y miedos
espejo de nuestros instintos no siempre amables.
Donde nos mostramos a nosotros mismos
por primera vez cómo éramos, tomando consciencia
de quienes jamás deberíamos ser.
El callejón de las quimeras rotas
donde nadie confesaba ir…
Y donde todos fuimos.

EL CONSERVATORIO

Fui al conservatorio con seis años,
apenas vida y un piano recién comprado;
con la ilusión de mis padres más que la mía.

Mi padre siempre quiso tocarlo, por eso fui yo.

Sin embargo, para decepción de todos
las musas no me habían tocado con sus dedos,
todo fue bien con el solfeo, la armonía, la historia y la estética
en los primeros cursos hasta el tribunal me felicitaba,
pero como todas las mentiras al final quedó patente
mi falta de gracia para la interpretación.

La música me enseñó casi todo
menos a tocar bien el piano, paradojas del aprendizaje,
me mostró la belleza, los arpegios como metáforas
escondidas en los pentagramas.

Escuchar la melodía de la vida y marcarla con la mano,
saborear los silencios, escribirlos, darles nombres y figuras
descubrir que sin ellos todo se escucha atropellado y sin sentido.

Don Andrés tocaba el piano
mientras intentaba transcribir al pentagrama
esas notas enigmáticas que salían de sus manos.

Aprendí sonatas y sonatinas,
pero sobre todo aprendí a escuchar a los que tenían don
y sacaban lo más bello de aquellas teclas manoseadas por todos.

Las grandes obras están compuestas de trazos de genialidad,
mientras las escuchaba, mis ojos viajaban
por los quicios de las ventanas alargadas y enormes

en busca siempre de los últimos reflejos de la mar.

El conservatorio olía a deseo y esfuerzo
a las pequeñas vidas que intentaban dar firmeza
a las sinfonías de sus existencias.

Si te quedabas sentada en las sillas de la entrada
oías el balanceo de los mil y un acordes que surgían de sus aulas
componiendo a su vez la partitura sin armonía de la vida.

Allí se escribía una pieza creada por muchas y distintas voces
por decenas de manos componiendo a la vez y sin querer
la frágil consistencia de la historia.

Ensordecedora. Caótica. Inmensamente hermosa.

Fuera siempre era invierno y el aire te golpeaba la cara
creando en cada rostro la verdadera melodía del atardecer.

OTOÑO

El otoño huele a infusiones de la abuela,
una pizca de poleo y menta, dos flores de manzanilla,
una hojita de yerbabuena.

Los días se vuelven sepia como una fotografía
antigua pero inmortal.

Se derraman amarillos por las ramas de nuestro arrojo.

La enredadera de la fachada enrojece cereza
con la fortaleza de un corazón palpitante,
como la sangre de los inocentes.

Los otoños estrenaban calcetines y zapatos nuevos,
mochila, cuadernos y libros de texto,
se inauguraban los propósitos ante el letargo que ha de venir.

Luego tejes una bufanda inmensa, bermellón,
con los días vividos que jamás utilizamos.

De madre preparé con delicadeza los sentimientos de mis hijos,
abonando sus tierras con el color de los sueños
y la mejor de las voluntades.

Ahora podo los romeros y arreglo los geranios,
fertilizo las plantas de interior para el invierno,
unto de aceite de teca la puerta de la entrada
para protegerla de las lluvias que han de venir.

Me siento a escribir, el otoño me regala sus hojas ya escritas
y las voy transcribiendo con paciencia en el papel
con el calmado acontecer de su cadencia.

El sol se esquina en un atardecer cada vez más temprano,
mientras, las noches aún templadas,
descubren mis ojos imaginándote amanecer.

El otoño me toca con el ámbar tierno de su historia inabarcable,
engendra en mí certezas que no sabía
y posa a mis pies sus solemnes dádivas de mil formas y cálidos
colores.

Un árbol se desnuda para vestirme el alma
con la fuerza de una nueva y púrpura transformación.

ADÚLTERA

Adúltera me llamó el cura.
¡No puedes comulgar en la comunión de tus hijos!
¡Una divorciada!

No recuerdo más, sólo el dolor de romperse mi creencia,
rasgada como nunca en una parte única y muy profunda
de un lugar sagrado donde sólo habitaba Dios.

Lloré con amargura y con el llanto
se escapó mi Fe por el arco de las mejillas,
quedó amontonada junto a mis lágrimas
a las puertas de la parroquia.

Más desolador que te dejaran por otra
que perder el amor y la esperanza
fue el eco ensordecedor de la palabra adúltera
como si me lapidaran en la esquina de mi propia verdad.

Llegado a un punto todo empeora y empeoró...
En su soberbia me dijo "Si nadie sabe lo que eres, podrías
        comulgar"
Encima hipócrita.

Dios si existe lo sabe, lo sabe todo, que ese hombre no lo
        representaba,
que yo no soy lo que decía, Dios, mi Dios no dudaría, me daría
        comunión.
Quebró mi Fe, sin duda un cura equivocado.
En todos sitios cuecen habas.

Pero cuando algo estalla en mil pedazos no se puede volver a pegar,
aunque lo desees con fuerza
algo se estremece en la oquedad de lo imposible

y huye aterrado, desamparado. Cruel.

Y me quedé infinitamente sola, como el eco del viento.

De nada sirvió las buenas relaciones
que mantuve a lo largo de mi vida con otros religiosos
ni las que establecí después.

Aquella tarde noche aún de invierno
recogí a mis hijos de la catequesis, les tomé la mano
y de ellas se deslizaron la amargura y la decepción.

Desde entonces convivo por un sendero roto
que aún no he sabido solventar.

Y resuenan en mi cabeza palabras de Juan Pablo II,
cuando estás seguro de que Dios no existe
es cuando más cerca de Dios estás.

Quizás sea así porque cuando de verdad piensas que no hay nada
surge la mayor responsabilidad ante todos los actos,
ante la mirada de la existencia y del prójimo
plena y únicamente propia.

El que ha sido alguna vez católico lo es para siempre,
como el que alguna vez fumó.
Ya no creo en Dios, eso sí, muchas noches rezo,
llevo colgada una cruz y una estampita de la virgen en mi cartera.

CUANDO MURIÓ MI ABUELA

Cuando murió mi abuela muchas verdades salieron
otras quedaron atrapadas para siempre en su ataúd.

Había comprado regalos para los mellizos,
se acercaba la navidad, volvíamos de algún viaje...
Nunca puedo recordar con claridad los instantes
que envuelven los acontecimientos funestos,
lo que sí sé es que estábamos muy lejos y desde allí
retumbó el eco de una llamada que anunciaba lo inevitable.

El traslado atropellado y cruel a mi ciudad natal,
donde vivían por aquel entonces mi familia.
En la UVI, un médico amigo me miraba con esa cautela
de especialista y esa esquiva mirada de quien te aprecia,
un buen médico, un buen hombre.

Estaba sedada, había sido otro infarto, poco quedaba sano.

A sus setenta y dos años había aguantado demasiado
no se puede recomponer un corazón hecho añicos.

La cogí de la mano, en aquella sala inusual y soleada
olía a su cuerpo y al aroma indiscutible de la muerte,
una vez lo hueles ya no lo olvidas jamás.

Yo le hablaba, le contaba de mis viajes y mis hijos
de lo que le gustaría mi casa que aún no conocía,
nunca la llegó a conocer, le hubieran encantado las macetas del
                    jardín.
Las heridas de muerte aún duelen más bajo el sol.

Esa mujer languidecía, la vida le cobraba un tributo inaceptable.

Yo me agarraba a ella a ese cuerpo tan importante para mí
la que abrió tantas veces mi alma con su dolor
y otras tantas con su natural sabiduría.

Dio un brinco, y se quedó sentada con los ojos cerrados,
como queriendo dar constancia de su fortaleza hasta en la muerte,
los médicos nos echaron, la miré por última vez, ya no estaba allí.

Por última vez escuché sus cantos, sus risas, sus refranes,
la algarabía en la cocina, el olor a sus guisos, sus libros,
las palabras sobrias, las caricias, su amor, su dolor oculto.

Se fue mi abuela y esa parte de mí que solo existía por ella.

A veces la imagino escuchándome en la presentación de un libro
tremendamente orgullosa o arreglando las plantas del jardín
con el alma cosida por el amor que nunca le dieron, tranquila y en
        paz.

Parte de ella siempre estará recostada en las letras de mis versos.

SER MADRE

Los hijos son los que marcan el verdadero paso del tiempo,
perfilan los ritmos del día y de la noche,
se afanan en desaparecer bajo las sombras del mediodía en sus
                    juegos
o en la pulcritud fría del invierno a la salida del colegio.

Las fases lunares son el reflejo de sus sonrisas a medio hacer.

Sus miradas abiertas aprenden a definir los cantares del mundo
a descifrar la inmensidad del cosmos que construyen a cada paso,
aprendiendo juntos y a la vez cómo se fabrican los días.

Nos hablan sin palabras de lo que somos, de lo que queremos ser.

Todo se tamiza en la urdimbre de sus sentimientos, recién
                    estrenados;
volvemos a aprender todo a través de sus inocentes miradas,
de sus manitas que traspasan las leyes de la física
ningún lugar es capaz de abarcar el infinito en tan poco espacio,
el universo se escapa entre sus diminutos dedos
para alumbrar tu vacío y llenarlo de un amor sin definición.

Podría hablar de sensaciones, pero ningún recurso estilístico
me otorga la capacidad de expresar lo que se vive,
sólo nombra de pasada la cola de un cometa inconmensurable.

Crece el verso puro día a día, mes a mes, año tras año.
Nada hay tan inagotable, tan lleno de vigor, fuente de vida.

Qué difícil no proyectar en ellos nuestros fantasmas,
miedos y frustraciones, nuestros conflictos no resueltos,
tan difícil como necesario no violar aquello que le es propio
su individualidad, su ser sin adulterar... ya se encargará la vida.

Saber estar cuando lo necesitan es tan importante como la ausencia.

Se instala un miedo irracional, sin vocablos que lo definan
y debes aprender a esconderlo como oculta la arena de la playa
los objetos perdidos, las conchas enterradas por la marea que viene
　　　　　y va.

Ser madre significa entender la existencia a través de sus
　　　　　sentimientos,
sin corromperlos, sólo convirtiéndonos en cobijo.
Callar a pesar de querer gritar, correr sin fuerzas, llorar a
　　　　　escondidas
dejar de ser por siempre uno con la abnegación de un verdadero
　　　　　creyente.
Saber coger y saber dejar.

Ser madre es parecido a ser mar, los barcos lo atraviesan,
las gentes se sumergen en él, el viento lo encrespa
la calma proyecta los reflejos de cada uno de los astros.

Arriban a sus costas constantes y silenciosos y dejan un día,
que jamás es lejano, que las naves surquen las aguas a un destino
　　　　　propio.

Ser madre es el único amor sincero, callado y sólido como el mundo.

POETA Y PSICOANALISTA

Que no se me olvide que yo, lo que soy, es poeta
no por presunción ni vanidad, por nacimiento,
como forma de entender el alfabeto de los árboles,
el murmullo de una brisa que sostiene la melodía del huracán
el oído para percibir las alas de las mariposas
la mirada perdida que encuentra los colores ocultos de las mañanas
el corazón demasiado expuesto y un pronto inaguantable,
cosas de la creatividad, la imaginación siempre galopa en caballos
          blancos.

Nací poeta como la que nace con ojos color miel.

Sin embargo, la vida me hizo emprender un largo sendero
para volver a reencontrar mis propios anhelos,
para llegar a donde siempre estuve,
los caminos del deseo son inescrutables.

Que no se me olvide que yo, lo que soy, es poeta
le dije a mi psicoanalista hace ya casi una vida.
Una vida que me enseñó casi todo lo que sé, sobre todo de mí.

La travesía intelectual más prodigiosa en la que me pude embarcar,
años de estudio, de lecturas e investigación, de análisis personal
que me llevaron por conceptos y materias insólitas
por poemas ocultos y perdidos en otro mundo. Un viaje a mí misma,
no siempre plácido, donde vencí miedos e inhibiciones inconscientes
y me dejó la capacidad de ver más allá,
de aprender a ver las sonrisas siempre oculta de los días,
construyendo la persona que soy, quizás la que siempre había sido.

Si nací poeta me hice psicoanalista sin saber que ambas cosas eran lo
          mismo.

Como en toda epopeya, necesité aventurarme por caminos ocultos,

pelear con monstruos que jamás imaginé
alimentados en mi interior por traumas reprimidos.

Cultivé el arte de aflorar de lo inconsciente
los lastres que no me dejaban avanzar,
las piedras que debería eludir.
Aprendí la importancia de trabajar por uno mismo
que lo necesario siempre está dentro, nunca fuera.

Más de quince años para pulir sufrimientos
para batirme con la culpa y terminar venciendo.
Como decía Calderón *la mayor victoria está en vencerse a sí*
mismo.

Un viaje alucinante, un proceso extraordinario
que te lleva a ser dueño de ti y te enseña a reír
sin los recelos de una tarde de invierno.

Porque la vida es desear vivirla como un verso aún no nacido
con la esperanza de verlo escrito sobre la piel de tus sueños más
amados.
Un camino generoso para plantar sensaciones, mostrar sentimientos,
plasmar el lado inapreciable de la verdad,
mi verdad siempre reclinada en un poema.
Solo que a veces, para ver, hay que marchar muy lejos
para sentir aquello que uno contiene.

Mi deseo tiene la forma de esta luna que enmarca un cielo
donde prenden luceros en la balada tenue de mi propia historia.
Un cielo que veo brillar con la luz de las letras esquivas de una
canción,
alumbrando los contornos de todo aquello oculto por las sombras de
la noche.

Revela, me rebelo a su inmensidad con cada pensamiento, con cada
verso.
Rompo cadenas y escribo.

HÉROE

Si alguna vez pudiera viajar al pasado
me gustaría hablar con Jesús.

Poco o nada me importa que fuera o fuese hijo de Dios
me gustaría que me besara la frente,
encontrar esa paz que nunca encuentro
derrotar esa soledad interna que todos tenemos,
esa que te arrasa la vida sin descansar.

Querría abrazarlo y llorar.

Me interesa más como hombre,
como hombre es mucho más que un Dios.
Hay que erigirse más fuerte si tu padre es carpintero,
más inmenso en la bondad,
más rebelde ante las injusticias.

Alguien que da su vida por salvarnos,
aunque solo sea una ilusión,
o es un loco, o un héroe o de verdad es Dios.

Dar de comer al hambriento
de beber al sediento, cobijo al que no tiene,
vista al que no ve, paz al que sufre,
consuelo a la soledad…

Sólo un héroe sabe dar tanto.
Conocerlo y saber de su verdad si la tuviera.

Si fuera Dios me postraría a sus pies
con la humildad de la hoja caída en otoño.
Contarle en lo que nos hemos convertido
y volver a llorar, esta vez juntos.

De nada sirvió su cruz, ni su dolor, ni su sacrificio.

Sólo quedan sus palabras que algunos intentan adulterar
su muerte nos recuerda que todo lo que dijo,
todo lo que hizo, aún está por entender
como las lágrimas de un mundo empeñado en destruirse.

Si pudiera, cuidaría sus heridas, igual así podría dormir en paz.

DÍAS DE VERANO

Aquel verano, ese que casi todos tuvimos
el del sol exuberante y plácido
de aire claro, sin miedos ni dudas.

Ese año en que todo encaja, sin reproches
sin cargas a la espalda
libres como las buganvillas fucsias que recorren
las fachadas blancas del sur.

Como el trazo aún sin pintar de un lienzo virgen.

El verano de la libertad y el descubrimiento,
un regalo prendido en los cielos intensos del Mediterráneo.

Llegamos a aquella urbanización de la costa del sol
con sus casitas bajas y encaladas
con esa vegetación frondosa que regala un clima único.
Templado. Benefactor.

En ese espacio de la vida donde se moldean los cimientos
de tu propia estructura,
cuando la adolescencia todavía es dulce y magnánima.

Recuerdo el camino hacia la piscina,
maravillosos laberintos de flores que se abrían al mar.

Había un supermercado donde desde el primer día
hice amistad con las dos hijas de los dueños,
luego conocí a Manuela que era alemana
y a otra morena de ojos verdes cuyo nombre
se lo llevó la memoria de los años.

Excursiones al mar, charlas interminables

enmarcadas en las sombras de los tejados y esquinas.

Recuerdo que tenía un bikini amarillo,
el pelo largo y dorado, la piel tersa y un cuerpo
que empezaba a descubrir las formas de una mujer,
con una sonrisa esculpida en el rostro, inamovible.

Inmortal como los momentos sinceros que alguna vez la vida nos
regala.

Nos gustaba hacer concursos de baile, Manuela y yo siempre
ganábamos.
Formábamos un grupo insultante de vida y bella amistad.

También estaba el grupito de los mayores
gracias al cual surgieron pequeños roces
porque solo a Manuela y a mí nos dejaban entrar.

Recuerdo una fiesta que hicieron en casa de un chico guapísimo
del que todas estábamos locas, y que por supuesto
mis padres miraban con un recelo infinito e innecesario
por lo cual no dije que nos habían invitado
aunque de alguna manera lo sabían,
de esa manera que sólo los padres saben.

Fuimos Manuela y yo al más puro estilo verano azul,
y allí bailé por primera vez con un chico, ese chico
sin nombre de profundos ojos verdes.

Me convertí en la heroína de ambas pandillas
todas me miraban con una mezcla de envidia y admiración
fue sumamente divertido, nada más,
eso fue todo, parece poco, pero lo fue todo
en el ámbito de una edad donde aún prefería
los concursos de baile y la amistad.

Fue un verano inolvidable, lleno de palabras dulces y eternas de planes de un futuro juntas que por supuesto nunca llegaron.

Y aunque nunca nos volvimos a ver
recuerdo el calor en nuestros corazones
y hoy en día, si pienso en aquellos momentos,
se me marca una sonrisa dibujada de franca felicidad.

Las ilusiones intactas, los proyectos imposibles de errar,
las miradas furtivas, la sal en el pelo,
el sol atrapado entre nuestras manos,
la vida se abría paso por nuestras mentes
que descubrían la luz oculta entre las hojas
unos cuerpos que empezaban a sentir, a preguntarse.

Cada vez que recuerdo aquel verano,
aquella que fui me calienta un poquito el corazón y el alma.

LA COMUNIÓN

El padre Alejandro me dio la comunión,
lo recuerdo con sincero cariño.

Me bautizó con la niña del "por qué".

Por qué la santísima trinidad, por qué la Fe,
por qué el pecado original, por qué la culpa.

Por mi culpa, por mi culpa, por mi grandísima culpa.

Qué es el Espíritu Santo, por qué una paloma.
Por qué un padre manda a morir a su hijo a la cruz…

Pobre padre Alejandro me miraba con suspicacia y
          condescendencia.
Cómo explicar a una niña de siete años que un padre deja morir a su
          hijo
aunque sea para salvar al mundo, para mí no tenía sentido entonces,
ahora tampoco.

Los hijos no debieran venir al mundo para cumplir con los deseos de
          los padres,
son o deberían ser propios sus propósitos, sus dudas, miedos y
          grandezas.

Debería tomar la sangre y el cuerpo de Cristo, aquel héroe
          incomprendido,
un hombre capaz de amar al prójimo por encima de todo, hasta de
          su vida.

Su bondad me sobrecogía, la creación de un vínculo indestructible.

Era el primer año que se hacía la comunión de corto.

Llevé el vino de la eucaristía y me derramé parte encima
casi se me para el corazón, pero a nadie pareció importarle
                    demasiado,
y yo quedé allí, en los primeros bancos de la iglesia del colegio,
con Cristo crucificado al frente.

Lo miraba y rezaba por su dolor, que sin dudar era el dolor del
            mundo.

En mi vestido blanco quedó la huella de su sangre
como recuerdo de su sufrimiento y sacrificio.

Ahora después de los años, logré desterrarme de su sentencia
la que te ata a la cruz y te oprime bajo un cielo plomizo y espeso.
Saqué los clavos que nos atan a nuestros pecados con la fe de la
            mañana.

Mientras seguimos mandando hijos a nuestras guerras.
Por mi culpa, por mi culpa, por mi grandísima culpa.

MI EDAD CONTEMPORÁNEA

Nueva York y los Rolling Stone marcaron mi edad contemporánea.
Tantas historias vivimos, como heridas intentamos sanar.
No sé otra forma de enfrentarme a los días
que usurpar cada uno de los amaneceres
para poder modelar el engranaje de esta vida
tan llena de deseos como de frustraciones.

Sólo me importa ya la serenidad, la felicidad está sobrevalorada.

Aquella tarde en la cercanía del puerto malagueño
asistí a mi primer concierto de los Rolling
cada acorde de Bridges to Babylon supusieron mis propios puentes
a una inédita visión de mí misma.
El color del Mediterráneo coreaba las voces de Jagger,
la batería marcaba un atardecer de las nuevas noches
que habían de llegar, que aún siguen llegando
como las calladas y tranquilas mareas de nuestro mar.

Sentados en sus orillas vemos llegar las mañanas sin estrenar.

Ahora sí, todos los sueños, todos los libros están por escribir
porque tú me los descubres cada mañana
como las aristas de la ciudad de las altas ventanas,
donde la lluvia siempre cae desde más alto
y el sol oblicua sombras a medio camino de sus rascacielos
dejando brillar su fondo bullicioso, con la voz propia
del latir de aquello que nace de la nada sin aviso, perecedero.

Nueva York se autoalimenta de su propia arquitectura,
de luces prendidas en lo más alto, de calles estrechas y largas,
un mundo casi inventado donde nada es verdad ni es mentira.
Un cuento de gentes diferentes que se amalgaman en sus aceras.
Todos los barrios tienen el poder de una quimera

y hay heridas en sus portones, desahuciados que perdieron algún
tren
que se cayeron de los pisos más altos y truncaron sus sueños,
todo conforma la ilusión como en una película de Allen.

Es la postal perfecta de las estaciones, una música urbana
recorre el trazado perfecto de sus calles.

Nadie debería perderse en Manhattan, sin embargo,
se me antoja un lugar peligroso para el incauto.
Nueva York es como la vida, una ventana a los sueños
antes de que se destruyan, una pista de hielo iluminada en Navidad.
Perfecta. Inamovible. Irreal.
Si te paras en una esquina, te puedes cruzar con cualquiera,
desde el lugar más lejano allí se pasea con el aplomo de un nativo.
Es contraste, paradoja de lo bello y lo obscuro,
las dos caras de la verdad, los dos lados de una moneda.
Una aventura que recorrer.

Esa gran seductora que viste sus arterias en el mejor de los sastres.
No importa lo que contenga el envoltorio, el resultado es perfecto.

Algo palpita muy fuerte a orillas del Hudson,
una canción triste para quién esté dispuesto a oír
viva como el alma humana inocente y devastadora.

Hay que pasearla con los ojos de un niño y el corazón de un
guerrero.
Ingenua y abrupta. Todo lo contiene.

El fragor de sus batallas escapa por las rendijas del metro,
ese submundo vivo, una ciudad bajo otra ciudad
reflejo de un juego de espejos donde nada está donde debe estar.

Nunca vi llover desde tan alto, una gota jamás deslumbró tanto en su
caída,
aquella gota tuvo la vida más larga y nosotros la vimos caer

allí a las puertas de una cafetería en el frío helador de un febrero
    lejano.

Rodada en blanco y negro una secuencia vital de nuestra vida
    juntos,
con la perspectiva de lo eterno un buen rock and roll y un beso.

AGAPANTOS

Me regaló mi hijo una foto en blanco y negro
de dos agapantos a punto de abrir
desperezando sus dedos a la mañana.
De esta flor me gustan sus plumas moradas
vencidas por el aire tibio de las tardes de verano.
Pero al mirar la imagen bicolor
veo más nítidamente su mensaje aún sin nacer
se revelan los matices, las formas, los contornos
la alegoría de un significado velado por el color.
Dos agapantos, dos promesas que serán
como la inocencia aún sin pervertir de la infancia
o los ojos de María despiertos en la primera mañana.
Como el beso pensado y sin acometer
esperando inquieto en la antesala de la lujuria
expectante ante todo lo que aún está por descubrir.
Esta foto transmite lo que será
la belleza que ha de llegar
el susurro que precede a un te quiero
el sabor de un buen vino que queda para siempre
en el paladar de la memoria.
Los agapantos allí, delineados, me avisan de lo inevitable
de lo que está a punto de pasar y no vemos
solo hay que mirar sus formas incipientes,
la inclinación de su próxima trayectoria,
de su parte de futuro si lo hubiera.
Casi todo está a la vista, los ciegos somos nosotros.

HERIDA PROPIA

Nosotros somos como Roma,
llenos de historias acumuladas por los años,
las que nos han ido emblanqueciendo el pelo
con los secretos más íntimos, aquellas de los que se dan amor,
las que serenan nuestros pasos por calles adoquinadas.
Historias sobre historias. Sueños cumplidos y por inventar.
Porque la vida se inventa.

Somos entre la multitud serenas columnas
que enmarcan la plaza de nuestra vida juntos
no necesitamos planear la existencia,
nos gusta comer en la trattoria de la esquina
un buen plato de pasta sobre un mantel de cuadros rojos y blancos
mirándonos a los ojos, como una pequeña nave
varada en un tiempo sostenido por algo parecido a lo auténtico.

Somos sin quererlo dos almas afinadas en do mayor
todos los arpegios los tocamos acompasados
y sabemos disfrutarnos los momentos que la vida concede
ante lo inmenso o sentados en una plaza viendo las aves volar.

Somos ya parte de nosotros mismos,
la vida regaló encontrarnos
y juntos intentamos conservar el milagro
de vernos cada mañana para abrazar los días.
Soy herida propia de mi historia
acurrucada en los brazos de un sueño plácido que jamás imaginé.

EL PRESENTE

Busco heridas recientes para el final de estos versos
y aunque sin duda las ha habido
siento que no fueron para tanto.

Si algo tiene cumplir años, es que tomas perspectiva
de los actos que llenan la vida,
siempre preparada para un nuevo asalto.

Ha habido malos días, sueños rotos,
anocheceres tardíos y precipitados amaneceres.

Las heridas ya no duelen como antes,
las cicatrices de antaño endurecen la piel
y transforman la importancia de las cosas,
el propósito de la propia existencia.

Ahora solo busco la serenidad de las mañanas aún sin abrir
y huyo de toda estridencia que me aleje de ella.
Aprendí a olvidar todo aquello que me ofende.

Conquisto cimas cercanas y remansos de paz
bajo las paredes de mi casa, en las plantas del jardín,
sobre el vuelo de las aves que cruzan mi horizonte.

Quiero el cariño de los míos. La tibieza de su compañía,
las sonrisas de sus caras, las ilusiones de sus vidas.

Perderme de vez en cuando entre una nube y el cielo agarrada a tu
                torso.

Buscar el hueco de tus brazos para dormir la noche,
el turquesa de tus ojos para perderme en un mundo
que ya no quiero conquistar, solo saborear sus momentos.

Busco firmar tu placidez en un papel virgen,
en la orilla de una playa que lleva nuestro nombre.
No quiero nada, solo la vida entre tus manos
y ese cosquilleo cuando me besas la nuca a destiempo y sin motivo.

ÍNDICE

Ediciones Vitruvio

Colección Baños del Carmen

Últimos libros publicados:

Las flores del mal, de Charles
Baudelaire

En mi cuaderno de viaje, de Carmen
Maga

Declaración jurada, de Manuel E.
Castillo

Siempre Domingo, de Pascual
García

Escribir Silencio, de José A. Alfonso

Ciento cincuenta voltios, de David
Alberti

Que nada se olvide, de Álvaro Fierro
Clavero

Ayer es mañana, de José Elgarresta

Y ahora sorpréndeme, José Ramón
Silva

Playa sin mar, de Eduardo Crespo

El mar mientras duerme, de
Santiago Gómez Valverde

Madame Podeva, de Natalia Ruiz-
Poveda

El hombre que alimentaba su alma,
de Sergio Macías

A la tarde, de María Paz Otero

La ingravidez que somos, de Antonio
Ríos

La ilusión del indulto, de David
Minayo

El vigor, de Leonardo David Segado

Balcones azules, de varios autores

Música Rusa, de William Jonhsnton

El lenguaje del número, de Juan
Pedro Carrasco
Doce voces, una voz, de Jaume
Mesquida

Memoria del frío, de Ricardo Ruiz

Acceso a la vida, de María José
Pérez Grange

La fama pregonera, de Jesús
Mauleón

Equipaje de momentos, de Carlos
Guerrero